Directeur : Antoine Béon
Responsable éditoriale : Adélaïde Lebuy
Responsable artistique : Thierry Duperray
Édition : Cécile Brochet
Fabrication : Anne-Laure Soyez
Adaptation du texte : Emmanuelle Caussé
Suivi éditorial : Mathilde Ricciardelli
Mise en pages : Paul Bagheri-Poubanne
Relecture : Catherine Rigal

Édité par Hachette Livre – 58, rue Jean Bleuzen – 92178 Vanves Cedex
Imprimé par Pollina en France - 41056 – Achevé d'imprimer : mars 2022
ISBN : 978-2-01-717696-1 – Édition : 01 – Dépôt légal : mars 2022

Loi n° 49-956 du 16 juillet 1949 sur les publications destinées à la jeunesse.

Pour tout renseignement concernant nos parutions, nous contacter par e-mail : disney@hachette-livre.fr

Pour l'éditeur, le principe est d'utiliser des papiers composés de fibres naturelles, renouvelables, recyclables et fabriquées à partir de bois issus de forêts qui adoptent un système d'aménagement durable. En outre, l'éditeur attend de ses fournisseurs de papier qu'ils s'inscrivent dans une démarche de certification environnementale reconnue.

Disney

ENCANTO

LA FANTASTIQUE FAMILLE MADRIGAL

Le Mystère de la Forêt

hachette
JEUNESSE

Chez les Madrigal, **tout le monde possède des pouvoirs !** La famille vit dans un endroit merveilleux appelé Encanto et tous habitent ensemble dans une maison magique, Casita.

Pepa Madrigal influence la météo selon son humeur. Depuis que sa fille Dolores, dotée d'une ouïe très fine, s'est fiancée, le temps est devenu imprévisible. Car, chaque fois que Pepa pense à l'organisation de la réception, l'orage gronde au-dessus de sa tête.

– *Mi amor,* je sais que tu te fais du souci pour le mariage de Dolores, mais tout se passera bien, je te le promets, la rassure Felix, son mari.

– Tu n'en sais rien, gémit Pepa. **Tu ne peux pas prédire l'avenir !**

Cette phrase donne une idée à leur fils, Camilo.

– Si Papá en est incapable, Tío Bruno le peut, lui, affirme-t-il.

Grâce à son don de métamorphose, il transforme son visage juvénile et sa chevelure rousse et frisée.

En un claquement de doigts, il prend les traits de son oncle !

– Bonne idée, approuve Pepa. Le vrai Bruno nous montrera quelle robe de mariée choisir et comment se déroulera la fête. D'abord réticent à faire apparaître des images du futur, Bruno accepte d'aider sa sœur. **Il projette une vision,** entouré par le reste de la famille. Malheureusement, il ne parvient pas à révéler de détails sur ce mariage tant attendu.

À la place, il dévoile **un Encanto sombre et triste...** Les arbres sont tombés, les feuilles flétries et le sol desséché.

– Bruno, sais-tu ce qu'il s'est passé ? s'affole Abuela Alma.

– Non, j'aperçois seulement une orchidée, la *flor de Mayo*, répond-il.

Inquiète, Abuela entraîne sa famille au village. Quelqu'un pourra peut-être les renseigner **sur le danger qui les menace.**

– Je ne peux pas cuisiner mes *empanadas,* car je n'ai plus de farine de maïs pour préparer la pâte, se lamente Señora Osma.

– Notre avocatier ne donne plus de fruits depuis des semaines, se plaint aussi Señora Flores.

Elles ne sont pas les seules à manquer de provisions : tous les habitants de l'Encanto sont concernés ! Quand Mirabel, la plus jeune petite-fille d'Abuela, et Antonio, le frère cadet de Dolores, se rendent au marché, **ils trouvent un étal vide.**

– Il n'y a plus rien à récolter, se désole la marchande.

Non loin d'eux, Camilo et son ami cherchent à se désaltérer en buvant du lait de coco.

– Hélas, je n'en ai plus, les informe le vendeur.

Quant à Julieta, la mère de Mirabel, elle est désespérée de ne rien trouver **pour nourrir les Madrigal.**

– Comment ça, il n'y a plus de bananes plantains ? s'indigne-t-elle auprès du marchand de légumes.

De retour à Casita, Julieta se plaint auprès d'Isabela, son autre fille.

– Avec quoi vais-je préparer le repas ? **Les placards sont vides !**

– Même les fleurs sur les balcons ont fané, constate la jeune fille.
Elle tente de les sauver, en vain.

Face à cette situation, **Abuela réunit toute sa famille.**

– Et si on essayait d'autres plantations ? suggère Luisa, l'autre sœur de Mirabel.

– Elles mourront également ! l'interrompt Isabela. Il faut comprendre pourquoi.

– Cela fait plusieurs jours que je n'entends plus **les chutes d'eau,** remarque alors Dolores.

À cet instant, Pico, l'ami toucan d'Antonio, se perche sur l'épaule du plus jeune fils de Pepa et Felix pour lui parler.

En effet, Antonio a le don de communiquer avec
les animaux. Après avoir écouté Pico, il prend la parole :

– Je sais comment tout arranger ! Je dois me rendre **dans la forêt tropicale.**

– *¿Qué, qué?* Aller seul dans la forêt tropicale ? proteste Abuela. *Papito,* c'est trop dangereux pour un enfant de ton âge !

Les membres de la famille Madrigal commencent à se disputer : certains sont de l'avis d'Abuela tandis que d'autres pensent qu'il faut faire confiance à Antonio.

Ils sont bientôt interrompus par un rugissement sonore poussé par le jaguar, un autre ami du petit garçon. Mirabel en profite pour intervenir :

– Antonio n'agira pas seul, **les animaux seront avec lui.**

– Alors, vas-y, fiston ! l'encourage Felix.

Le petit garçon se met en route, accompagné de Pico et des autres animaux. En arrivant près de la rivière, il constate que le toucan a dit vrai : elle est **complètement asséchée.**

Un capybara attire son attention et désigne **une magnifique orchidée** qui pousse près de la cascade.

– On dirait la même *flor de Mayo* que celle de la vision de Tío Bruno ! s'exclame Antonio.

L'enfant se tourne vers les trois oiseaux qui l'accompagnent.

– Pouvez-vous aller l'examiner de plus près ? leur demande-t-il. **Dites-moi si vous constatez quelque chose d'anormal.**

Le colibri et l'ara s'envolent au sommet des rochers et s'approchent de la fleur.

– Qu'elle est belle ! s'extasie le colibri.

Tout à coup, les oiseaux aperçoivent en contrebas un gigantesque kapokier **couché dans la rivière.** En tombant, l'arbre a bloqué la cascade. Coupée de sa source, la rivière s'est asséchée, et l'équilibre magique de l'Encanto a été perturbé, privant ses habitants de leurs récoltes. Vite, les trois oiseaux se hâtent d'avertir Antonio !

L'enfant utilise son don pour appeler d'autres animaux **à la rescousse.** Ensemble, ils réfléchissent au meilleur moyen de déplacer le tronc.

Puis ils unissent leurs forces pour dégager l’arbre et libérer la cascade. Quand ils y arrivent enfin, **l’eau recommence à couler.**

– On a réussi ! crie Antonio en serrant ses amis dans ses bras.

Comme le petit garçon est heureux d'être venu en aide à sa famille et à tous les habitants de l'Encanto ! Toujours suivi de ses animaux, il se dépêche de rentrer à Casita pour annoncer la bonne nouvelle :

– Les terres sont à nouveau irriguées et **l'équilibre de l'Encanto est restauré !**

– Excellent travail ! le félicite Abuela pendant que tout le monde l'applaudit.

– Nous sommes fiers de toi, Antonio, lui confie Mirabel. Tu nous as tous aidés grâce à ton pouvoir mais aussi grâce à ton courage et ton amour pour la famille. **Ce sont des dons tout aussi précieux !**